Abbé Hubert Lelièvre

Prier Marie

Nouvelle édition
Année du Rosaire 2003

PIERRE TÉQUI *éditeur*
82 rue Bonaparte – 75006 Paris
www.editionstequi.com

DU MÊME AUTEUR

Aux Éditions Téqui

Pour que le Christ remplisse ta vie, 1983 – Traduction croate
Prières à Marie du Pape Jean-Paul II, 1984
Année Sainte de la Rédemption, 1984
Messages de Jean-Paul II aux jeunes du monde, 1984
Jeunes de l'An 2000, présentation, 1985
Jeune, voici l'étoile de ta vie, 1985
En camp, en vacances, un saint pour chaque jour, 1986
Jeunes de France, mes amis, 1987
Que ma prière monte vers Toi, 1987
Vers Jérusalem, méditations sur le Chemin de la Croix, 1988
Mon Rosaire avec Jean-Paul II, 1990
Pentecôte, une nouvelle évangélisation, 1993
Marthe Robin, 1994
Le Rosaire, histoire d'une prière, 1996
Mère Teresa, prières, 1997
Chemin de Croix avec le Saint Curé d'Ars, 1998

Aux Éditions Fayard

Le Saint Curé d'Ars, 1986 – Traduction croate. *Épuisé.*

Aux Éditions le Sarment-Fayard

Prier avec Toi, Marie, 1992

Aux Éditions Saint-Paul

Rosaire pour la Nouvelle Évangélisation, 1991 – *Épuisé*

Ils nous encouragent à prier le Rosaire

« Fils, voici ta Mère. » Jn 19,27

« Marie nous salue avec la grâce, si nous la saluons avec l'Ave Maria. » Saint Bonaventure

« L'Ave Maria est une prière qui ne lasse jamais... Prions la Sainte Vierge... Elle peut nous exaucer partout. » Saint Jean-Marie Vianney

« Le Rosaire est le moyen le plus efficace et le meilleur pour obtenir le secours de la Vierge Marie. »
Pie XII

« Au début de mon pontificat, j'ai laissé entrevoir quelque chose de mon âme, en disant : le chapelet est ma prière préférée. » Jean Paul II

« Fais confiance à la Sainte Vierge et habitue-toi à la savoir présente, à toute heure, à côté de toi. »
Claire de Castelbajac (1953-1975)

« Laissons-nous guider, soyons calmes, ne prétendons pas faire plus que ce qu'Elle veut, ni plus vite. Laissons-nous porter par Elle, c'est Elle qui pensera à tout, qui pourvoira à tous nos besoins d'âme et de corps. » Saint Maximilien-Marie Kolbe

« Plus l'âme est arrosée par cette prière du Rosaire, plus elle devient éclairée dans l'Esprit, embrasée dans le cœur et fortifiée contre tous ses ennemis. »

Saint Louis-Marie Grignion de Montfort

« Mes enfants, aimez la Sainte Vierge ! Il n'y a pas de moyen plus puissant pour obtenir la Grâce de Dieu que la Vierge très Sainte. »

Saint Philippe Néri – 1515-1595

Mozart faisait de son chapelet l'action de grâce de ses triomphes : « Je suis allé tout de suite dans ma joie de cet heureux succès au Palais-Royal, j'y ai pris une excellente glace, puis j'ai récité le chapelet que j'avais promis, et je suis retourné à la maison. »

« Que deviendrais-je si je n'avais pas la divine consolation du Rosaire ? Je ne puis plus me dispenser de le dire en entier tous les jours. »

Ernest Psichari, petit-fils de Renan

« Le rosaire est le film qui te rappellera toutes les étapes du chemin de l'Espérance que Marie a parcouru : sa tendresse à Bethléem, son tourment durant la fuite en Égypte, le silence et le labeur de l'atelier de Nazareth, sa ferveur au Temple, son émotion devant la prédication de son fils, de saint Jean ; en bref, l'histoire de deux vies qui n'en sont qu'une car le Seigneur a vécu en Elle et Elle en Lui. »

Cardinal Thuan (2002)

Marie nous invite à prier le Rosaire

« Mais priez, mes enfants, mon Fils vous exaucera en peu de temps… »

« Dites le chapelet tous les jours, afin d'obtenir la paix dans le monde. »

« Je suis Notre-Dame du Rosaire. Que l'on continue à dire le chapelet tous les jours… »

« Si l'on écoute mes demandes, la Russie se convertira, et on aura la paix… Sinon… »

Telles sont les demandes que Notre-Dame adressait au cours de ses apparitions, à Lourdes, à Fatima, à Pontmain, etc.

Ce message reste actuel !

Prions ! Le monde a tant besoin de grâces !

Seule Notre-Dame peut nous secourir.

Notre-Dame de toutes grâces, priez pour nous.

Le chapelet se compose de cinq dizaines de *Je vous salue, Marie*… précédées chacune d'un *Notre Père*… et suivies d'un *Gloire au Père, et au Fils, et au Saint-Esprit ; comme il était au commencement, maintenant et toujours, dans les siècles des siècles. Amen.*

On commence la prière du chapelet par un *Je crois en Dieu*, puis un *Notre Père*, trois *Je vous salue, Marie*, un *Gloire au Père* et une prière à la Vierge Marie, par exemple le *Souvenez-vous*.

Utilisation du chapelet

Le Rosaire se compose de quatre chapelets. À chacun de ces chapelets nous sommes invités à contempler notre album de Famille à travers les mystères :

– Joyeux, Lumineux, Douloureux, Glorieux.

À chaque dizaine :

– nous écoutons la Parole de Dieu,
– nous nous laissons imprégner par le fruit de ce mystère,
– on peut ajouter des intentions de prière.

C'est sur ce mystère que l'on médite en disant un *Pater* et dix *Ave*.

Quand vous dites le chapelet, dites après chaque dizaine :

« Ô mon Jésus, pardonnez-nous nos péchés, préservez-nous du feu de l'enfer, et conduisez au ciel toutes les âmes, spécialement celles qui ont le plus besoin de votre miséricorde ! »

Notre-Dame, à Fatima, en 1917

La Vierge et l'enfant
Statue du parc de la Cité de la Vie Jean-Paul II

Mystères joyeux

On médite sur les
mystères joyeux :
le lundi
le samedi
ainsi que le jour
de la fête de l'un des Mystères

Premier
mystère joyeux

L'ANNONCIATION

Lc 1, 26-38

MÉDITE :

L'Ange Gabriel dit à Marie : « Salut, pleine de grâce, le Seigneur est avec vous… Voici que vous concevrez et enfanterez un fils et vous lui donnerez le nom de Jésus. Il sera grand, et on l'appellera Fils du Très-Haut. »

… « Je suis la servante du Seigneur, que tout se fasse selon votre parole. »

FRUIT DU MYSTÈRE :
– l'humilité,
– le don de soi à Dieu.

DEMANDE :
Sainte Marie, Mère de Dieu et à jamais Immaculée, obtenez-moi la grâce du recueillement nécessaire pour entendre l'appel de Dieu ; la force de lui dire oui, et la fidélité pour le servir jusqu'au bout.

RECOMMANDE :
– ceux qui ont à décider de leur avenir,
– que nombreux soient ceux qui se donnent totalement au Christ,
– que le monde reçoive le Christ qui est Voie, Vérité et Vie.

PENSÉE :
« Dieu n'appelle point ceux qui en sont dignes, mais ceux qu'il lui plaît. »

Sainte Thérèse de l'Enfant-Jésus

Deuxième
mystère joyeux

LA VISITATION

Lc 1, *39-45*

MÉDITE :

Marie partit et se rendit en hâte vers le haut pays, dans une ville de Juda. Elle entra chez Zacharie et salua Élisabeth sa cousine.

Élisabeth lui dit : « Vous êtes bénie entre toutes les femmes et le fruit de vos entrailles est béni. »

FRUIT DU MYSTÈRE :
– la charité fraternelle,
– le service de nos frères.

DEMANDE :
Sainte Marie, Mère de Dieu et à jamais Immaculée, donnez-moi, par l'intercession de votre Divin Fils, le désir de porter le Christ aux autres, le souci de remercier Dieu du bien accompli ; et qu'il me pardonne mes manques de charité, médisances, jugements, calomnies.

RECOMMANDE :
– la famille,
– les missionnaires,
– l'Église, pour qu'elle rayonne le Christ et répande son Esprit Saint.

PENSÉE :
« Qui n'aime pas son propre frère qu'il peut voir, comment peut-il aimer son Dieu qu'il ne voit pas ? »

Saint Jean

Troisième
mystère joyeux

LA NATIVITÉ

Lc 2, 1-7

MÉDITE :

Pour le recensement, Joseph et Marie se rendent à Bethléem. Là, Marie met son Divin Fils au monde et l'enveloppe d'un lange puis le couche dans une mangeoire.

Les anges chantent : Un Sauveur vous est né… *Gloria in excelsis Deo.*

FRUIT DU MYSTÈRE :
– l'esprit de pauvreté,
– la joie.

DEMANDE :
Sainte Marie, Mère de Dieu et à jamais Immaculée, intercédez pour moi et donnez-moi la grâce de mieux comprendre l'Incarnation, de trouver la joie dans la pauvreté et la simplicité.

RECOMMANDE :
– les enfants à naître et les petits enfants,
– les pauvres,
– le monde : que la naissance du Sauveur soit pour lui un réconfort et une lumière.

PENSÉE :
« Dieu a tellement aimé le monde qu'Il lui a envoyé son Fils unique. »

Saint Jean

Quatrième
mystère joyeux

LA PRÉSENTATION DE JÉSUS AU TEMPLE

Lc 2, 22-38

MÉDITE :

Jésus est présenté au temple par ses parents comme le demande la loi. Ils rencontrent le vieillard Siméon qui dit : « Maintenant, ô Maître, vous pouvez laisser votre serviteur s'en aller en paix, car mes yeux ont vu le salut que vous avez préparé à la face de tous les peuples. »

FRUIT DU MYSTÈRE :
– l'obéissance,
– la pureté.

DEMANDE :
Sainte Marie, Mère de Dieu et à jamais Immaculée, intercédez pour nous auprès de votre Divin Fils et demandez-lui qu'il aide les parents et les éducateurs à élever leurs enfants dans le respect de sa loi.

RECOMMANDE :
– les jeunes foyers,
– les jeunes : qu'ils gardent ou retrouvent la vertu de pureté,
– les religieux et religieuses.

PENSÉE :
« Heureux les cœurs purs, car ils verront Dieu. »

Notre Seigneur

Cinquième
mystère joyeux

LE RECOUVREMENT DE JÉSUS AU TEMPLE

MÉDITE :

Pour la fête de la Pâque, la Sainte Famille se rend à Jérusalem.

En repartant, ne trouvant pas Jésus, Joseph et Marie retournent au temple. Jésus leur dit :

« Ne saviez-vous pas que je me dois aux affaires de mon Père ? »

Jésus croissait en âge et en grâce, et il leur était soumis.

FRUIT DU MYSTÈRE :
– l'obéissance,
– la recherche de Dieu en toutes choses.

DEMANDE :
Sainte Marie, Mère de Dieu et à jamais Immaculée, intercédez pour nous et demandez à Dieu qu'il fasse que tous les chrétiens obéissent au Pape, vicaire du Christ sur la terre.

RECOMMANDE :
– les jeunes, appelés à être le peuple des béatitudes,
– ceux qui ont à expliquer la parole de Dieu,
– les chrétiens, afin qu'ils persévèrent dans la prière.

PENSÉE :
« Notre Père… Que votre règne arrive ! »

Mystères lumineux

On médite sur les
mystères lumineux :
le jeudi
ainsi que le jour de la fête
de l'un des Mystères

Premier
mystère lumineux

LE BAPTÊME DE JÉSUS

MÉDITE :

« Une fois baptisé, Jésus remonta de l'eau. Et voici que s'ouvrirent les cieux, et il vit l'Esprit de Dieu descendre, comme une colombe, et venir sur lui. Et voici une voix, partie des cieux, qui disait : « Celui-ci est mon Fils, le Bien-aimé, qui a toute ma faveur. » (Mt 3, 13-17)

FRUIT DU MYSTÈRE :

– faire fructifier la grâce de notre baptême,

– vivre dans la joie chrétienne chaque jour et en tout.

DEMANDE :

Sainte Marie, Mère de Dieu et à jamais Immaculée, accompagnez-nous sur le chemin de Foi, d'Espérance et de Charité pour vivre au quotidien les promesses de notre baptême et être sel de la terre et lumière du monde.

RECOMMANDE :

– ceux qui seront baptisés la nuit de Pâques,

– les enfants,

– l'Église missionnaire.

PENSÉE :

« Qu'elle est donc grande, la puissance de la prière ! On dirait une reine ayant à chaque instant libre accès auprès du roi et pouvant obtenir tout ce qu'elle demande. »

Sainte Thérèse de l'Enfant-Jésus

Deuxième
mystère lumineux

LES NOCES DE CANA

MÉDITE :

« Femme, que me veux-tu ? Mon heure n'est pas encore venue ».

Marie dit aux serviteurs : « Faites tout ce qu'Il vous dira » (Jn 2, 1-12).

FRUIT DU MYSTÈRE :

– apprendre à aimer comme Dieu aime et s'est donné à nous,

– la famille, printemps de l'Église et de la société,

– grandir dans la confiance et l'abandon en la volonté de Dieu.

DEMANDE :

Sainte Marie, Mère de Dieu et à jamais Immaculée, nous vous demandons de visiter chaque famille de la terre : gardez la famille tout contre votre cœur. Soyez la joie de chacune d'elles.

RECOMMANDE :

– les jeunes afin qu'ils se préparent dans la pureté de cœur à faire le don de leur vie dans le sacerdoce ou le mariage,

– les familles qui connaissent des épreuves spirituelles, physiques ou morales,

– les gouvernants et scientifiques : qu'ils se mettent davantage au service de la famille.

PENSÉE :

« Lorsque nos mains ont touché des aromates, elles embaument tout ce qu'elles touchent ! Faisons passer nos prières par les mains de la Sainte Vierge, elle les embaumera. Elle désire tant notre bonheur. »

Saint Jean-Marie Vianney

Troisième
mystère lumineux

L'ANNONCE DU ROYAUME
L'APPEL À LA CONVERSION

MÉDITE :

« Le temps est accompli et le Royaume de Dieu est tout proche : Convertissez-vous et croyez à l'Évangile. » (Mc 2, 15)

FRUIT DU MYSTÈRE :

– l'accueil de la parole de Dieu dans notre vie,
– la grâce de la conversion personnelle,
– la parole de Dieu, source de vie.

DEMANDE :

Sainte Marie, Mère de Dieu et à jamais Immaculée, nous vous prions pour que nous trouvions toujours sur notre route des prêtres pour l'Annonce du Royaume avec un cœur semblable à celui de Jésus pour nous transmettre la Miséricorde dans le pardon de nos péchés.

RECOMMANDE :

– le prêtre qui te confesse,

– ceux qui sont accablés par le poids de leurs péchés,

– les jeunes : qu'ils entendent cette Parole de Vie ; qu'ils rencontrent la Miséricorde, source de bonheur.

PENSÉE :

« Malheur à moi si je n'annonce pas l'Évangile. »

Saint Paul

Quatrième
mystère lumineux

LA TRANSFIGURATION

MÉDITE :

« Jésus fut transfiguré devant eux ; son visage brilla comme le soleil ; ses vêtements devinrent blancs comme la lumière… Et une voix se fit entendre, disant : *Celui-ci est mon Fils bien-aimé : écoutez-le.* »

FRUIT DU MYSTÈRE :

– le courage de la vérité,

– vivre nos amitiés humaines dans la lumière de Jésus transfiguré,

– aimer contempler son Visage dans l'Adoration.

DEMANDE :

Sainte Marie, Mère de Dieu et à jamais Immaculée, obtenez la grâce pour chacun de nous de ne pas avoir peur de vivre avec Jésus et de témoigner dans notre famille, parmi nos amis, son Amour.

RECOMMANDE :

– ceux qui cherchent la Vérité, qu'ils puissent la rencontrer,

– en action de grâce pour tous ces lieux où se vit l'Adoration eucharistique,

– tous les lieux où je peux nourrir ma foi, mon espérance : qu'ils rayonnent toujours davantage.

PENSÉE :

« La fête stimule l'Espérance et donne une force nouvelle pour reprendre avec plus d'amour la vie quotidienne. »

Jean Vanier

Cinquième
mystère lumineux

L'INSTITUTION DE L'EUCHARISTIE

MÉDITE :

Prenant du pain, il rendit grâces, le rompit et le leur donna en disant : « Ceci est mon corps, livré pour vous » ; puis, prenant une coupe, il rendit grâces et la leur donna en disant : « Buvez-en tous ; car ceci est mon sang… qui va être répandu en rémission des péchés. »

FRUIT DU MYSTÈRE :

– un plus grand amour de l'Eucharistie,

– se laisser transformer par le Pain de Vie,

– aimer d'un ardent désir être pain pour les autres : l'évangélisation.

DEMANDE :

Sainte Marie, Mère de Dieu et à jamais Immaculée, intercédez pour nous et obtenez du Père les prêtres selon le Cœur de Jésus dont nous avons tant besoin. Que nombreux soient les jeunes à tout donner… pour être témoins et serviteurs du Bonheur !

RECOMMANDE :

– les jeunes se préparant au Sacerdoce,

– les jeunes qui entendent l'Appel à tout quitter pour le suivre,

– les prêtres emprisonnés de par le monde, à cause de l'Évangile.

PENSÉE :

« Mon âme exalte le Seigneur et mon esprit exulte en Dieu mon Sauveur », Jésus est présent dans le sein de Marie. Elle loue le Père « pour » Jésus, mais elle le loue aussi « en Jésus » et « avec » Jésus. Telle est précisément la véritable « attitude eucharistique ».

Jean-Paul II – *L'Église vit de l'Eucharistie*

Mystères douloureux

On médite sur les
mystères douloureux :
le mardi
le vendredi
ainsi que le jour
de la fête de l'un des Mystères

Premier
mystère douloureux

L'AGONIE

Lc 22, 39-53

MÉDITE :

C'est la nuit…

Judas va trahir…

Jésus prie et médite. Il sait ce qui l'attend.

Il accepte toutes ces souffrances pour nous sauver.

« Mon âme est triste : restez ici et veillez avec moi. »

« C'est l'Heure… »

FRUIT DU MYSTÈRE :
– la contrition de nos péchés,
– l'accomplissement de la volonté de Dieu.

DEMANDE :

Sainte Marie, Mère de Dieu et à jamais Immaculée, intercédez pour nous et demandez à Dieu qu'il pardonne toutes nos lâchetés, toutes les offenses faites au Cœur de son Fils ; un amour de Dieu assez fort pour accepter toute sa volonté et la grâce de ne jamais désespérer.

RECOMMANDE :
– les agonisants, ceux qui mourront aujourd'hui,
– les âmes assaillies de tentations,
– ceux qui refusent l'amour de Dieu.

PENSÉE :

« Mon Dieu, que votre volonté soit faite et non la mienne. »

Notre Seigneur

Deuxième
mystère douloureux

LA FLAGELLATION

Mc 15, 15

MÉDITE :

Pilate donne l'ordre de flageller Jésus, dans l'espoir que la foule, en le voyant supplicié, ne réclame pas sa mort.

Mais il n'en est rien.

Après son agonie, Jésus va devoir souffrir la flagellation, et voir sa peau éclater sous les coups.

FRUIT DU MYSTÈRE :
– la mortification des sens,
– un plus grand amour de Notre Seigneur.

DEMANDE :

Sainte Marie, Mère de Dieu et à jamais Immaculée, intercédez pour nous et demandez à Dieu qu'il convertisse tous les persécuteurs de l'Église et qu'il aide tous ceux qui sont torturés pour leur foi.

RECOMMANDE :
– les malades,
– les persécutés,
– les pécheurs endurcis.

PENSÉE :

« Jésus doux et humble de cœur, rendez mon cœur semblable au vôtre. »

Troisième
mystère douloureux

LE COURONNEMENT D'ÉPINES

Mc 15, 16-20

MÉDITE :

Jésus est couronné d'épines et l'on se moque de lui.

Douleurs physiques et moqueries. Cruauté des soldats et de la foule.

Notre Seigneur offre ces nouvelles souffrances pour nous.

FRUIT DU MYSTÈRE :

– la mortification de l'esprit,

– la conversion de nous-même.

DEMANDE :

Sainte Marie, Mère de Dieu et à jamais Immaculée, intercédez pour nous et demandez à Dieu qu'il chasse de nos cœurs l'orgueil, source de tous les péchés ; qu'il nous donne une forte dévotion à son Fils, le Christ-Roi.

RECOMMANDE :

– ceux qui détiennent l'autorité,

– ceux que l'on méprise ou ceux dont on abuse,

– tous les peuples de la terre, afin qu'ils tournent leurs regards vers le Christ et lui obéissent.

PENSÉE :

« La grâce nous aide à marcher et nous soutient. Elle nous est nécessaire comme les béquilles de ceux qui ont mal aux jambes. »

Saint Curé d'Ars

Quatrième
mystère douloureux

LE PORTEMENT DE CROIX

Lc 23, 16-32

MÉDITE :

Cette croix que Jésus porte est le poids de nos péchés.

Jésus a porté tous les péchés du monde, jusqu'à la mort.

Il a accepté cette épreuve pour notre salut. Jésus prie pour ses bourreaux.

FRUIT DU MYSTÈRE :
– la patience dans les épreuves,
– la persévérance.

DEMANDE :
Sainte Marie, Mère de Dieu et à jamais Immaculée, intercédez pour nous et demandez à Dieu qu'il nous donne le courage pour accomplir notre devoir d'état ; une charité active pour soulager nos frères ; le souci d'unir nos fatigues à celles du Christ par la présence de Marie.

RECOMMANDE :
– ceux qui sont accablés par les épreuves,
– ceux qui tombent et n'ont pas la force de se relever,
– ceux qui se dévouent auprès des malades.

PENSÉE :
« La croix est le don que Dieu a fait à ses amis… Nous devrions courir après la croix, comme l'avare après l'argent. »

Saint Curé d'Ars

Cinquième
mystère douloureux

LA MORT DE JÉSUS SUR LA CROIX

Jn 19, 19 et 23-27

MÉDITE :

« Tout est accompli. »

Jésus pardonne au bon larron. Puis il confie sa Mère à saint Jean, et saint Jean à Marie.

Enfin il dit :

« Père, je remets mon esprit entre vos mains. »

FRUIT DU MYSTÈRE :
– un grand amour de Dieu et des âmes,
– l'offrande de nous-même.

DEMANDE :

Sainte Marie, Mère de Dieu et à jamais Immaculée, intercédez pour nous et demandez à Dieu de mieux nous faire comprendre son amour inouï envers nous ; la volonté de fuir le péché et de s'attacher avec le Christ sur la croix pour que son Règne arrive dans nos cœurs et dans le monde qui nous entoure.

RECOMMANDE :
– les mourants,
– les persécuteurs de l'Église,
– les prêtres, ministres du Sacrifice du Christ.

PENSÉE :

« La mesure d'aimer Dieu, c'est de l'aimer sans mesure. »

Saint Bernard

Mystères glorieux

On médite sur les
mystères glorieux :
le mercredi
le dimanche
ainsi que le jour
de la fête de l'un des Mystères

Premier
mystère glorieux

LA RÉSURRECTION

Jn 20, 1-10

MÉDITE :

« Pierre partit avec l'autre disciple et ils se rendirent au tombeau… »

Pierre entre le premier ; puis Jean, le disciple que Jésus aimait.

« Il vit et il crut. »

Chantons le Roi de gloire, alléluia.

Il fallait que le Christ meure et ressuscite pour que nous vivions en sauvés.

FRUIT DU MYSTÈRE :
– la foi,
– la joie.

DEMANDE :

Sainte Marie, Mère de Dieu et à jamais Immaculée, intercédez pour nous et demandez à Dieu qu'Il aide le Pape et les évêques à maintenir la foi dans le monde ; qu'Il nous aide à faire sa volonté dans la fierté et la joie chrétiennes.

RECOMMANDE :

– ceux qui se préparent au baptême,

– les chrétiens, pour qu'ils n'aient pas peur de rendre compte de l'Espérance qui les habite,

– ceux qui ne connaissent pas Dieu faute de prêtres ou de missionnaires.

PENSÉE :

« Bienheureux ceux qui auront cru, sans avoir vu. »

« Si le Christ n'est pas ressuscité, notre foi est vaine. » Saint Paul

Deuxième
mystère glorieux

L'ASCENSION

Ac 1, 1-11

MÉDITE :

Jésus monte au Ciel et confie aux Apôtres et à leurs successeurs le devoir de prêcher l'Évangile jusqu'aux extrémités de la terre.

« Allez, de toutes les nations faites des disciples… »

« Quand j'aurais été élevé de terre, j'attirerai tous les hommes à moi. »

FRUIT DU MYSTÈRE :
– le désir du Ciel,
– l'espérance.

DEMANDE :
Sainte Marie, Mère de Dieu et à jamais Immaculée, intercédez pour nous et demandez à Dieu qu'Il nous donne la volonté de bien employer le temps qu'Il nous donne ; et de secourir ceux qui ne croient pas en la vie éternelle.

RECOMMANDE :
– les parents, afin qu'ils élèvent leurs enfants dans l'espérance de contempler Celui qu'ils auront aimé et servi,
– les désespérés,
– le monde ; qu'il tourne plus souvent ses yeux vers le Ciel.

PENSÉE :
« Cœur Sacré de Jésus, espérance de ceux qui meurent en votre amour, priez pour nous. »

Troisième
mystère glorieux

LA PENTECÔTE
Ac 2, 1-17

MÉDITE :
« Recevez l'Esprit Saint… »

Remplis de l'Esprit Saint, les Apôtres parlent en langues, au grand étonnement de la foule.

« Je suis avec vous jusqu'à la fin du monde. »

FRUIT DU MYSTÈRE :
– les dons du Saint-Esprit,
– le zèle apostolique.

DEMANDE :

Sainte Marie, Mère de Dieu et à jamais Immaculée, intercédez pour nous et demandez à Dieu qu'Il envoie son Esprit Saint sur la terre pour qu'elle soit préservée des calamités et de la guerre ; que nous soyons fidèles à notre confirmation.

RECOMMANDE :
– l'Église, le Pape et les évêques,
– les séminaristes ; qu'ils soient dès maintenant de vrais apôtres dont le monde a besoin,
– l'unité de l'Église.

PENSÉE :

« Ne savez-vous pas que vos corps sont les temples du Saint-Esprit ? »

Saint Paul

Quatrième
mystère glorieux

L'ASSOMPTION DE NOTRE-DAME

MÉDITE :

Marie, l'Immaculée, monte corps et âme au Ciel où elle rejoint son Fils Jésus-Christ.

« Il a jeté les yeux sur moi. »

« Désormais tous les âges me diront Bienheureuse. »

Marie est toute à nous, si nous sommes tout à elle.

« Voici votre Mère. »

Totus Tuus.

FRUIT DU MYSTÈRE :
– la grâce d'une bonne mort,
– bonne vie, bonne mort.

DEMANDE :
Sainte Marie, Mère de Dieu et à jamais Immaculée, nous vous demandons votre assistance devant le tribunal de Dieu ; assistez-nous au moment de la mort, obtenez-moi de mourir de la plus sainte mort ; soyez l'espérance de tous les chrétiens.

RECOMMANDE :
– les mères de famille ; qu'elles soient des modèles pour leurs enfants,
– les âmes du Purgatoire,
– le respect de notre corps promis à la résurrection.

PENSÉE :
« Nos prières présentées par Marie ont un grand mérite, car Elle est la seule créature qui n'ait jamais péché. »

Saint Curé d'Ars

Cinquième
mystère glorieux

LE COURONNEMENT DE MARIE AU CIEL

MÉDITE :

« Le Seigneur renverse les puissants et il élève les humbles. »

À la droite du Roi se tient la Reine, en vêtements d'or.

« De votre pied virginal, vous écrasez la tête du serpent. »

Jésus a récompensé la sainteté de Marie, il l'a faite Reine de l'univers.

Marie ne peut rien nous refuser si nous la prions de tout notre cœur.

FRUIT DU MYSTÈRE :
– une grande dévotion à Marie,
– la consécration à Marie.

DEMANDE :

Sainte Marie, Mère de Dieu et à jamais Immaculée, intercédez pour nous et obtenez à tous ceux qui ont recours à vous de voir leurs prières exaucées ; protégez nos familles et notre patrie.

RECOMMANDE :

– tous ceux qui méconnaissent la Sainte Vierge,

– les jeunes : qu'ils mettent toute leur confiance en Marie, Reine de la jeunesse, et qu'ils bâtissent leur avenir avec l'aide de Marie qui peut tout pour eux,

– la conversion des pécheurs et le retour à Marie des persécuteurs de l'Église.

PENSÉE :

« Si nous voulons demander quelque chose au Roi, faisons-le passer par la Reine ; nous sommes certains d'être exaucés. » Saint Curé d'Ars

LOUANGES

Daignez, Vierge Sainte, accepter ma louange.
Donnez-moi la force contre l'ennemi.
Dieu soit béni.
Bénie soit l'auguste Mère de Dieu,
la Très Sainte Vierge Marie.
Bénie soit sa sainte et immaculée Conception.
Bénie soit sa glorieuse Assomption.
Bénie soit le nom de Marie, Vierge et Mère.
Bénie soit sa pureté virginale.
Bénie soit sa divine maternité.
Bénie soit sa médiation universelle.
Bénies soient ses larmes et ses douleurs.

Pour terminer, on peut dire trois fois :

« Ô Marie, conçue sans péché,
priez pour nous qui avons recours à vous. »

PRIÈRES

Latin-Français

PATER NOSTER

Pater noster, qui es in cælis,
sanctificetur nomen tuum,
adveniat regnum tuum,
fiat voluntas tua,
sicut in cælo et in terra.
Panem nostrum quotidianum da nobis hodie,
et dimitte nobis debita nostra,
sicut et nos dimittimus debitoribus nostris.
Et ne nos inducas in tentationem,
sed libera nos a malo. Amen.

CREDO IN UNUM DEUM

Credo in unum Deum,
Patrem omnipoténtem, factórem cæli et terræ,
visibílium ómnium et invisibílium.
Et in unum Dóminum Iesum Christum,
Fílium Dei unigénitum, et ex Patre
natum ante ómnia sæcula.
Deum de Deo,
lumen de lúmine,

NOTRE PÈRE

Notre Père qui es aux cieux
que ton Nom soit sanctifié
que ton règne vienne
que ta volonté soit faite
sur la terre comme au ciel.
Donne-nous aujourd'hui
notre pain de ce jour.
Pardonne-nous nos offenses,
comme nous pardonnons aussi
à ceux qui nous ont offensés.
Et ne nous soumets pas à la tentation,
mais délivre-nous du mal. Ainsi soit-il.

JE CROIS EN UN SEUL DIEU

Je crois en un seul Dieu,
le Père tout-puissant, créateur du ciel et de la terre,
de l'univers visible et invisible.
Je crois en un seul Seigneur, Jésus-Christ, le Fils
unique de Dieu, né du Père
avant tous les siècles :
Il est Dieu, né de Dieu,
lumière, née de la lumière,

Deum verum de Deo vero,
génitum, non factum, consubstantiálem Patri:
per quem ómnia facta sunt.
Qui propter nos hómines et propter nostram salútem
descéndit de cælis.
Et incarnátus est de Spíritu Sancto
ex María Vírgine,
et homo factus est.
Crucifíxus étiam pro nobis sub Póntio Piláto;
passus et sepúltus est,
et resurréxit tértia die,
secúndum Scriptúras, et ascéndit in cælum,
sedet ad déxteram Patris.
Et íterum ventúrus est cum glória,
iudicáre vivos et mórtuos,
cuius regni non erit finis.
Et in Spíritum Sanctum,
Dóminum et vivificántem:
qui ex Patre Filióque procédit.
Qui cum Patre et Fílio
simul adorátur et conglorificátur:
qui locútus est per prophétas.
Et unam, sanctam,
cathólicam et apostólicam Ecclésiam.
Confíteor unum baptísma
in remissiónem peccatórum.

vrai Dieu, né du vrai Dieu,
Engendré, non pas créé,
de même substance que le Père ;
et par lui tout a été fait.
Pour nous les hommes et pour notre salut,
il descendit du ciel ;
Par l'Esprit Saint, il a pris chair de la Vierge Marie,
et s'est fait homme.
Crucifié pour nous sous Ponce-Pilate,
il souffrit sa passion et fut mis au tombeau.
Il ressuscita le troisième jour,
conformément aux Écritures, et il monta au ciel ;
il est assis à la droite du Père.
Il reviendra dans la gloire,
pour juger les vivants et les morts
et son règne n'aura pas de fin.
Je crois en l'Esprit Saint qui est Seigneur
et qui donne la vie ;
Il procède du Père et du Fils ;
Avec le Père et le Fils, il reçoit même adoration
et même gloire ;
il a parlé par les prophètes.
Je crois en l'Église, une, sainte,
catholique et apostolique ;
Je reconnais un seul baptême
pour le pardon des péchés.

Et exspécto resurrectiónem mortuórum,
et vitam ventúri sǽculi.
Amen.

AVE MARIA

Ave Maria,
gratia plena,
Dominus tecum,
benedicta tu in mulieribus,
et benedictus fructus ventris tui, Jesus.
Sancta Maria, Mater Dei,
ora pro nobis peccatoribus,
nunc et in hora mortis nostræ.
Amen.

ANGELUS

Angelus Domini nuntiavit Mariae.
Et concepit de Spiritu Sancto.
Ave Maria…

Ecce ancilla Domini.
Fiat mihi secundum verbum tuum.
Ave Maria…

J'attends la résurrection des morts
et la vie du monde à venir.
Amen.

JE VOUS SALUE, MARIE

Je vous salue, Marie,
pleine de grâces.
Le Seigneur est avec vous,
vous êtes bénie entre toutes les femmes ;
et Jésus, le fruit de vos entrailles, est béni.
Sainte Marie, Mère de Dieu,
priez pour nous, pauvres pécheurs,
maintenant et à l'heure de notre mort.
Ainsi soit-il.

ANGÉLUS

L'Ange du Seigneur a annoncé à Marie.
Et elle a conçu du Saint-Esprit.
Je vous salue Marie...

Voici la servante du Seigneur.
Qu'il me soit fait selon votre parole.
Je vous salue Marie...

Et Verbum caro factum est.
Et habitavit in nobis.
Ave Maria…

℣. Ora pro nobis, sancta Dei Genitrix.
℟. Ut digni efficiamur promissionibus Christi.

OREMUS : Gratiam tuam, quaesumus, Domine, mentibus nostris infunde ; ut qui, Angelo nuntiante, Christi Filii tui Incarnationem cognovimus, per Passionem ejus et Crucem, ad Resurrectionis gloriam perducamur. Per eumdem Christum Dominum nostrum.

Amen.

MAGNIFICAT

Magnificat * anima mea Dominum :
Et exultavit spiritus meus * in Deo salutari meo.
Quia respexit humilitatem ancillae suae :
* ecce enim ex hoc beatam me dicent omnes generationes.
Quia fecit mihi magna qui potens est *
et sanctum nomen ejus.

Et le Verbe s'est fait chair.
Et Il a habité parmi nous.
Je vous salue Marie...

℣. Priez pour nous, Sainte Mère de Dieu.
℟. Afin que nous soyons dignes des promesses
de Notre Seigneur Jésus-Christ.

PRIONS : Seigneur, nous vous supplions de répandre votre grâce en nos âmes, afin qu'ayant connu, par la voix de l'Ange, l'Incarnation de votre Fils, nous parvenions par sa Passion et par sa Croix à la gloire de sa Résurrection. Par le même Jésus-Christ Notre Seigneur.

Ainsi soit-il.

MAGNIFICAT

Mon âme *exalte* le Seigneur,
exulte mon esprit en *Dieu* mon Sauveur !
Il s'est penché sur son *humble* servante ;
désormais tous les âges
me *diront* bienheureuse.
le Puissant fit pour *moi* des merveilles ;
Saint est son nom !

Et misericordia ejus a progenie in progenies * timentibus eum.
Fecit potentiam in brachio suo
* dispersit superbos mente cordis sui.
Deposuit potentes de sede
* et exaltavit humiles. Esurientes implevit bonis
* et divites dimisit inanes.
Suscepit lsraël puerum suum
* recordatus misericordiae suæ.
Sicut locutus est ad patres nostros
* Abraham, et semini ejus in saecula.
Gloria Patri...

SALVE REGINA

Salve, Regina, Mater misericordiae
vita dulcedo et spes nostra, salve.

Ad te clamamus, exsules filii Hevae;
ad te suspiramus, gementes et flentes
in hac lacrimarum valle.

Eia ergo, advocata nostra, illos tuos
misericordes oculos ad nos converte.

Son amour *s'étend* d'âge en âge
sur *ceux* qui le craignent.
Déployant la *force* de son bras,
il *disperse* les superbes.
Il renverse les *puissants* de leurs trônes,
il *élève* les humbles.
Il comble de *biens* les affamés,
renvoie les *riches* les mains vides.
Il relève *Israël* son serviteur,
il se *souvient* de son amour.
De la promesse faite à nos pères
en faveur d'Abraham et de sa *race* à jamais.
Gloire au Père…

SALUT, Ô REINE

Salut, ô Reine de miséricorde,
notre vie, notre consolation, notre espoir, salut !
Enfants d'Ève, de cette terre d'exil
nous crions vers vous ; vers vous nous soupirons,
gémissant et pleurant dans cette vallée de larmes.
Ô vous, notre avocate, tournez vers nous
vos regards compatissants.

Et Jesum, benedictum, fructum ventris tui, nobis post hoc exilium ostende;

o clemens,
o pia,
o dulcis Virgo Maria!

ALMA REDEMPTORIS MATER

Alma Redemptoris Mater,
Quae pervia caeli porta manes,
Et stella maris, succure cadenti
surgere qui curat populo:
Tu quae genuisti,
Natura mirante tuum sanctum Genitorem:
Virgo prius ac posterius,
Gabrielis ab ore
Sumens illud Ave,
Peccatorum miserere.

Et, après cet exil, obtenez-nous de contempler
Jésus, le fruit béni de votre sein,
ô clémente,
ô miséricordieuse,
ô douce Vierge Marie !

TENDRE MÈRE DU RÉDEMPTEUR

Se chante durant le temps de l'Avent et de Noël

Tendre Mère du Rédempteur
Porte du ciel toujours ouverte
Étoile de la mer, secourez votre peuple
Qui tombe mais cherche à se relever :
Vous qui avez enfanté,
Au grand étonnement de la nature
Le Dieu Saint qui vous donna la vie.
Vierge avant comme après l'enfantement,
En recevant la glorieuse salutation
Que vous adressa Gabriel,
Ayez pitié des pécheurs.

Durant le temps de l'Avent :

℣. L'Ange du Seigneur apporta l'annonce à Marie.
℟. Et elle conçut du Saint-Esprit.

AVE REGINA CAELORUM

Ave Regina Caelorum
Ave Domina angelorum !
Salve radix, salve porta
Ex qua mundo lux est orta !
Gaude Virgo gloriosa,

PRIONS : Daignez, Seigneur, répandre votre grâce en nos âmes, afin qu'ayant connu, par le message de l'Ange, l'Incarnation du Christ, votre Fils, nous arrivions, par sa Passion et par sa Croix, à la Gloire de sa Résurrection.
Par le Christ Notre Seigneur. Ainsi soit-il.

Du 24 décembre au 1er février :

℣. Après la naissance de Jésus, vous êtes toujours la Vierge pure.

℟. Mère de Dieu, intercédez pour nous.

PRIONS : Seigneur Dieu, par la maternité virginale de la bienheureuse Vierge Marie, vous avez procuré au genre humain le salut éternel. Faites-nous ressentir encore la puissance de son intercession, puisque par elle nous avons pu recevoir l'Auteur de la vie, notre Seigneur Jésus-Christ, votre Fils. Ainsi soit-il.

SALUT REINE DES CIEUX

Se chante durant le Carême

Salut, Reine des cieux !
Salut, Reine des Anges,
Salut, tige féconde, porte du ciel
De vous s'est levée la lumière sur le

Super omnes speciosa
Vale, a valde decora
Et pro nobis Christum exora !

℣. Dignare me laudare te, Virgo sacrata.
℟. Da mihi virtutem contra hostes tuos.

monde.Réjouissez-vous, Vierge glorieuse.
Belle entre toutes les femmes
Soyez heureuse, ô toute belle,
Et pour nous implorez le Christ !

℣. Laissez-moi vous louer, Vierge très aimante.
℟. Rendez-moi fort contre vos ennemis.

PRIONS : Dieu de miséricorde, portez secours à notre faiblesse, et nous célébrerons dignement la mémoire de la Sainte Mère de Dieu. Puissions-nous aussi par son intercession nous relever de nos fautes. Par le Christ Notre Seigneur. Ainsi soit-il.

REGINA CAELI, LAETARE, ALLELUIA

Regina Caeli, laetare, alleluia.
Quia quem meruisti portare, alleluia.
Resurrexit, sicut dixit, alleluia.
Ora pro nobis Deum, alleluia.

℣. Gaude et laetare, Virgo Maria, alleluia.
℟. Quia surrexit Dominus vere, alleluia.

OREMUS : Deus, qui per resurrectionem Filii tui Domini nostri Jesu Christi mundum laetificare dignatus es, praesta, quaesumus, ut per ejus Genitricem Virginem Mariam perpetuae capiamus gaudia vitae. Per eumdem Christum Dominum nostrum. Amen.

REINE DU CIEL, RÉJOUISSEZ-VOUS, ALLELUIA

Se chante durant le temps pascal

Reine du ciel, réjouissez-vous, alléluia.
Car Celui qu'il vous fut donné de porter,
Alléluia.
Est ressuscité comme il l'avait dit, Alléluia.
Priez Dieu pour nous, alléluia.

℣. Soyez heureuse et réjouissez-vous, Vierge Marie, alléluia.
℟. Car le Seigneur est vraiment ressuscité, alléluia.

PRIONS : Ô Dieu qui, par la résurrection de votre Fils notre Seigneur Jésus-Christ, avez bien voulu réjouir le monde, faites, nous vous en prions, que par la Vierge Marie sa Mère, nous arrivions aux joies de la vie éternelle. Nous vous le demandons par le même Jésus-Christ notre Seigneur.
Ainsi soit-il.

LITANIES DE LA SAINTE VIERGE

Kyrie eleison.
Christe eleison.
Kyrie eleison.
Christe, audi nos.
Christe, exaudi nos.
Pater de caelis, Deus,
miserere nobis.
Fili, Redemptor mundi, Deus,
miserere nobis.
Spiritus Sancte, Deus,
miserere nobis.
Sancta Trinitas, unus Deus,
miserere nobis.
Sancta Maria, *ORA PRO NOBIS.*
Sancta Dei Genitrix,
Sancta Virgo Virginum,
Mater Christi,
Mater divinæ gratiæ,
Mater purissima,
Mater castissima,
Mater inviolata,
Mater intemerata,
Mater amabilis,
Mater admirabilis,
Mater boni consilii,

ORA PRO NOBIS

LITANIES DE LA SAINTE VIERGE

Seigneur, ayez pitié de nous.
Jésus-Christ, ayez pitié de nous.
Seigneur, ayez pitié de nous.
Jésus-Christ, écoutez-nous.
Jésus-Christ, exaucez-nous.
Père céleste qui êtes Dieu,
ayez pitié de nous.
Fils, Rédempteur du monde, qui êtes Dieu,
ayez pitié de nous.
Esprit Saint, qui êtes Dieu,
ayez pitié de nous.
Trinité Sainte, qui êtes un seul Dieu,
ayez pitié de nous.
Sainte Marie, PRIEZ POUR NOUS.
Sainte Mère de Dieu,
Sante Vierge des vierges,
Mère du Christ,
Mère de la divine grâce,
Mère très pure,
Mère très chaste,
Mère toujours Vierge,
Mère sans tache,
Mère aimable,
Mère admirable,
Mère du bon conseil,

PRIEZ POUR NOUS

Mater Creatoris,
Mater Salvatoris,
Virgo prudentissima,
Virgo veneranda,
Virgo praedicanda,
Virgo potens,
Virgo clemens,
Virgo fidelis,
Speculum justitiae,
Sedes sapientiae,
Causa nostrae laetitiae,
Vas spirituale,
Vas honorabile,
Vas insigne devotionis,
Rosa mystica,
Turris Davidica,
Turris eburnea,
Domus aurea,
Foederis arca,
Janua caeli,
Stella matutina,
Salus infirmorum,
Refugium peccatorum,
Consolatrix afflictorum,
Auxilium christianorum,
Regina Angelorum,
Regina Patriarcharum,
Regina Prophetarum,

ORA PRO NOBIS

Mère du Créateur,
Mère du Sauveur,
Vierge très prudente,
Vierge vénérable,
Vierge digne de louange,
Vierge puissante,
Vierge clémente,
Vierge fidèle,
Miroir de justice,
Trône de la Sagesse,
Cause de notre joie,
Vase spirituel,
Vase d'honneur,
Vase insigne de la dévotion,
Rose mystique,
Tour de David,
Tour d'ivoire,
Maison d'or,
Arche d'alliance,
Porte du Ciel,
Étoile du matin,
Salut des infirmes,
Refuge des pécheurs,
Consolatrice des affligés,
Secours des chrétiens,
Reine des Anges,
Reine des Patriarches,
Reine des Prophètes,

PRIEZ POUR NOUS

Regina Apostolorum,
Regina Martyrum,
Regina Confessorum,
Regina Virginum,
Regina Sanctorum omnium,
Regina sine labe originali concepta,
Regina in caelum assumpta,
Regina sacratissimi Rosarii,
Regina famigliae,
Regina pacis,

ORA PRO NOBIS

Agnus Dei, qui tollis peccata mundi,
parce nobis, Domine.
Agnus Dei, qui tollis peccata mundi,
exaudi nos, Domine.
Agnus Dei, qui tollis peccata mundi,
miserere nobis.

℣. Ora pro nobis, sancta Dei Genitrix.
℟. Ut digni efficiamur promissionibus Christi.

OREMUS : Concede nos famulos tuos, quaesumus, Domine Deus, perpetua mentis et corporis sanitate gaudere ; et gloriosa beatae Mariae semper Virginis intercessione a praesenti liberari tristitia, et aeterna perfrui laetitia. Per Christum Dominum nostrum.

Amen.

Reine des Apôtres,
Reine des martyrs,
Reine des Confesseurs,
Reine des vierges,
Reine de tous les Saints,
Reine conçue sans le péché originel,
Reine élevée aux Cieux,
Reine du Très Saint Rosaire,
Reine de la famille,
Reine de la paix,

PRIEZ POUR NOUS

Agneau de Dieu, qui effacez les péchés du monde,
pardonnez-nous, Seigneur.
Agneau de Dieu, qui effacez les péchés du monde,
exaucez-nous, Seigneur.
Agneau de Dieu, qui effacez les péchés du monde,
ayez pitié de nous.

℣. Priez pour nous, sainte Mère de Dieu.
℟. Afin que nous devenions dignes des promesses de Notre Seigneur Jésus-Christ.

PRIONS : Seigneur, daignez nous accorder, à nous vos serviteurs, de jouir toujours de la santé de l'âme et du corps ; et par la glorieuse intercession de la bienheureuse Marie, toujours Vierge, délivrez-nous des tristesses de la vie présente, et donnez-nous d'avoir part aux joies éternelles. Par Jésus-Christ, Notre Seigneur.

Ainsi soit-il.

SOUVENEZ-VOUS

Souvenez-vous, ô très miséricordieuse Vierge Marie, qu'on n'a jamais entendu dire qu'aucun de ceux qui ont eu recours à votre protection, imploré votre assistance et réclamé votre secours, ait été abandonné.

Animé d'une pareille confiance, ô Vierge des vierges, ô ma Mère, j'accours vers vous et, gémissant sous le poids de mes péchés, je me prosterne à vos pieds.

Ô Mère du Verbe incarné, ne méprisez pas mes prières, mais écoutez-les favorablement et daignez les exaucer.

Ainsi soit-il.

Prières à Marie

PRIÈRE
POUR UNE FUTURE MAMAN

Ô Dieu éternel, Père d'infinie bonté, qui avez ordonné le mariage pour multiplier les hommes ici-bas et peupler le ciel ; vous qui avez principalement confié cette mission à la femme, voulant même que sa fécondité fut une marque de votre bénédiction sur elle… je vous adore, vous rendant grâce de la conception de la créature que vous avez daigné déposer et former dans mon sein.

Ô Seigneur de mon âme, qui, vivant ici-bas, avez tant aimé et si souvent pris entre vos bras les petits enfants ; recevez encore celui-ci et adoptez-le, afin que vous tenant pour Père, votre nom soit sanctifié en lui et que votre royaume lui advienne.

Et vous, Vierge Mère Très Sainte, qui êtes l'unique honneur des femmes, recevez en votre protection mes désirs et supplications, afin qu'il plaise à la Miséricorde de votre Fils de les exaucer.

Ô Saints Anges de Dieu, chargés de ma garde et de celle de l'enfant que je porte, défendez-nous afin que nous puissions parvenir à la gloire, dont vous jouissez, pour louer et bénir éternellement avec vous notre Seigneur et Maître qui règne dans les siècles des siècles.

Ainsi soit-il.

Saint François de Sales

PRIÈRE
À NOTRE-DAME DE LESCURE

Notre-Dame de Lescure,
santé des infirmes,
attirés par votre bonté maternelle,
nous recourons à vous avec confiance
pour implorer votre puissant secours.

Vous avez voulu, jadis,
apparaître sur cette montagne
à un pauvre berger
et vous lui avez demandé d'y bâtir une chapelle.

Nous venons donc,
ô Mère si accueillante et si bonne,
vous supplier de protéger nos familles,
et de nous aider
dans toutes les difficultés de la vie.

Bénissez nos travaux,
guérissez nos infirmités,

consolez-nous dans nos peines,
soutenez-nous dans les douleurs
et les épreuves d'ici-bas.

Par-dessus tout, obtenez-nous la force
de résister aux tentations mauvaises
et d'éviter le péché mortel.

Notre-Dame de Lescure,
faites que nous soyons fidèles
à vous invoquer chaque jour :
que, par nos vies pleinement chrétiennes,
nous puissions aimer
et servir de toute notre âme
Jésus-Christ, votre divin Fils ;
que nous possédions ainsi la joie
de remplir tous nos devoirs
et l'espérance de gagner la vie éternelle.
Ainsi soit-il.

On ajoute, par trois fois, cette invocation :

Notre-Dame de Lescure,
santé des infirmes, priez pour nous.

Ô TOI, MÈRE DES PRÊTRES

Marie,
Mère de Jésus-Christ et Mère des prêtres,
reçois ce titre que nous te donnons
pour célébrer ta maternité
et contempler près de toi le Sacerdoce
de ton Fils et de tes fils,
Sainte Mère de Dieu !

Mère du Christ,
tu as donné au Messie Prêtre
son corps de chair
par l'onction de l'Esprit Saint
pour le salut des pauvres
et des hommes au cœur contrit,
garde les prêtres dans ton Cœur
et dans l'Église,
Mère du Sauveur !

Mère de la foi,
tu as accompagné
au Temple le Fils de l'homme,
accomplissement des promesses
faites à nos pères,
confie au Père, pour sa gloire,

les prêtres de ton Fils,
Arche de l'Alliance !

Mère de l'Église,
au Cénacle, parmi les Disciples,
tu priais l'Esprit pour le Peuple nouveau
et ses Pasteurs,
obtiens à l'ordre des prêtres
la plénitude des dons,
Reine des Apôtres !

Mère de Jésus-Christ
tu étais avec Lui au début de sa vie
et de sa mission,
tu l'as cherché, Maître parmi la foule,
tu l'as assisté, élevé de terre,
consommé pour le sacrifice unique éternel,
et tu avais près de toi Jean, ton fils,
accueille les appelés du Seigneur,
lors de leurs premiers pas sur leur chemin,
protège leur croissance,
accompagne dans la vie et dans le ministère
ceux qui sont tes fils,
ô toi, Mère des prêtres !
Ainsi soit-il.

Jean-Paul II
Prière conclusive de l'Exhortation Apostolique
Pastores Dabo Vobis – 25 mars 1992

PRIÈRE DE CONSÉCRATION À LA TRÈS SAINTE VIERGE MARIE

Immaculée Conception,
Reine du Ciel et de la terre
Refuge des pécheurs et Mère très aimante
à qui Dieu voulut confier
tout l'ordre de la Miséricorde
me voici à tes pieds, moi,
pauvre pécheur.
Je t'en supplie,
accepte mon être tout entier
comme ton bien et ta propriété ;
agis en moi selon ta volonté,
en mon âme et mon corps,
en ma vie et ma mort et mon éternité.
Dispose avant tout de moi comme tu le désires,
pour que se réalise enfin ce qui est dit de toi :
« La Femme écrasera la tête du serpent »,
et aussi :

« Toi seule vaincras les hérésies
dans le monde entier. »
Qu'en tes mains immaculées,
si riches de Miséricorde,
je devienne un instrument de ton amour
capable de ranimer et d'épanouir pleinement
tant d'âmes tièdes ou égarées.
Ainsi s'étendra sans fin
le Règne du Cœur divin de Jésus.

Saint Maximilien-Marie Kolbe

QUAND DONC SERONT-ILS REMPLIS DE TA PAIX ET DE TON BONHEUR ?

Quand cela sera-t-il, ô notre Maman Immaculée, que tu deviendras la Reine de tous et de chaque âme en particulier ?

Quand ?

Tu vois combien il y en a qui ne te connaissent pas encore et qui ne t'aiment pas encore ! Combien y a-t-il encore de cœurs sur cette pauvre terre qui, entendant parler de toi, demandent : Qui est Marie ? Qui est l'Immaculée ? Les malheureux, ils ne connaissent pas leur Mère, ils ne savent pas combien, toi, tu les aimes ; ils ne s'en rendent même pas compte…

Et tout de même, malgré tout cela, tu les aimes aussi, et tu voudrais qu'ils te connaissent et qu'ils t'aiment, et qu'ils louent l'infinie Miséricorde du Cœur divin de ton Fils dont tu es la personnification.

Quand donc tous ceux-ci te connaîtront-ils et t'aimeront-ils, et vont-ils être remplis de ta paix et de ton bonheur ?

Quand donc toutes les âmes sur tout le globe terrestre vont-elles connaître la bonté et l'amour de ton Cœur envers elles ; quand donc chaque âme te dira-t-elle sa reconnaissance avec un amour fervent et non pas seulement avec un sentiment passager, mais en t'offrant totalement sa volonté, afin que toi-même tu gouvernes les cœurs de tous et chaque cœur en particulier, et que tu puisses les former à l'image du Cœur Sacré de ton divin Fils, les rendre heureux, les diviniser ?

Quand cela sera-t-il ?

Saint Maximilien-Marie Kolbe, en 1932

PRIÈRE À MARIE
Générale des Armées célestes

Auguste Reine des Cieux,
Souveraine Maîtresse des Anges,
vous qui dès le commencement,
avez reçu de Dieu le pouvoir et la mission
d'écraser la tête de Satan,
nous vous le demandons humblement,
envoyez vos légions célestes afin que,
sous vos ordres, et par votre puissance,
elles poursuivent les démons,
les combattent partout,
répriment leur audace
et les refoulent dans l'abîme.

Qui est comme Dieu ?

Ô bonne et tendre Mère,
vous serez toujours notre amour
et notre espérance.

Ô divine Mère, envoyez les saints anges
pour nous défendre
et repousser loin de nous le cruel Ennemi.

Saints Anges et Archanges
défendez-nous, gardez-nous

Imprimatur 26 février 1912 A. Massart. Vic. G. de Cambrai

PRIÈRE DE CONSÉCRAT
À LA VIERGE MARI

Je vous choisis, aujourd'hui, ô Marie,
en présence de toute la cour céleste,
pour ma Mère et ma Reine.
Je vous livre et consacre,
en toute soumission et amour,
mon corps et mon âme,
mes biens intérieurs et extérieurs,
et la valeur même de mes bonnes actions
passées, présentes et futures,
vous laissant un entier et plein droit
de disposer de moi,
et de tout ce qui m'appartient,
sans exception,
selon votre bon plaisir,
à la plus grande Gloire de Dieu,
dans le temps et l'éternité.
Ainsi soit-il.

Saint Louis-Marie Grignion de Montfort

Ô MÈRE BIEN-AIMÉE,

Vous qui connaissez si bien
les voies de la sainteté et de l'Amour,
apprenez-nous à élever souvent
notre esprit et notre cœur vers la Trinité,
à fixer sur Elle
notre respectueuse et affectueuse attention.
Et puisque vous cheminez avec nous
sur le chemin de la Vie éternelle,
ne demeurez pas étrangère aux faibles pèlerins,
que votre charité veut bien recueillir.
Tournez vers nous vos regards miséricordieux,
attirez-nous dans vos clartés,
inondez-nous de vos douceurs.

Emportez-nous dans la lumière
et dans l'Amour,
emportez-nous toujours plus loin et très haut
dans les splendeurs des cieux.
Que rien ne puisse jamais troubler notre paix,

ni nous faire sortir de la pensée de Dieu ;
mais que chaque minute nous emporte
plus avant
dans les profondeurs de l'auguste Mystère,
jusqu'au jour où notre âme,
pleinement épanouie
aux illuminations de l'union divine,
verra toutes choses
dans l'éternel Amour et dans l'Unité.

Marthe Robin (1902-1981)

MARIE, BELLE ÉTOILE DE LA MER

Marie, toute transformée en Dieu
par la Grâce et la Gloire,
Priez pour nous qui avons recours à Vous !
Marie, Reine du Ciel, des Anges
et des Bienheureux,
Marie, souveraine du Ciel et de la Terre,
Marie, Générale des Armées du Très-Haut,

Marie, Médiatrice des hommes,
Marie, que nous honorons comme Mère,
Marie, qui nous donnez, chaque jour
Jésus dans notre cœur,
Marie, qui nous enfantez,
Marie, qui nous nourrissez,
Marie, qui nous élevez,
Marie, qui nous conduisez,
Marie, qui nous gouvernez,
Marie, qui nous défendez,

Marie, qui produisez des merveilles
de grâce dans les âmes,
Marie, indissoluble Épouse du Saint-Esprit,
Marie, Reine du Ciel et de la Terre,

PRIEZ POUR NOUS QUI AVONS RECOURS À VOUS

Marie, à qui Dieu a confié les clefs des Celliers,
Marie, Ville et Cité de Dieu,
Marie, Chef-d'œuvre des mains de Dieu,
Marie, Aurore qui précède et découvre
le Soleil de Justice qu'est Jésus-Christ,
Marie, moyen sûr et voie droite et immaculée
pour aller à Jésus-Christ,

Marie, qui éclatez en grâce
pour les pauvres pécheurs,
Marie, qui éclatez en force
contre les ennemis de Dieu,
Marie, qui éclatez en grâce pour soutenir
les vaillants soldats et fidèles serviteurs
de Jésus-Christ,

Marie, terrible au diable et à ses suppôts,
Marie, comme une armée rangée en bataille,
Marie, qui écrasez la tête du Serpent,
lieu où réside son orgueil,

Marie, Belle Étoile de la Mer,
Marie, qui nous donnez d'arriver à bon port
malgré les tempêtes et les pirates,
Marie, qui nous engendrez à la Vie Éternelle,

PRIEZ POUR NOUS QUI AVONS RECOURS À VOUS

d'après saint Louis-Marie Grignion de Montfort

VIERGE MARIE,
GARDEZ-MOI UN CŒUR D'ENFANT

Sainte Marie, Mère de Dieu,
gardez-moi un cœur d'enfant,
pur et transparent comme une source ;
obtenez-moi un cœur simple,
qui ne savoure pas les tristesses ;
un cœur d'enfant magnifique à se donner,
tendre à la compassion ;
un cœur fidèle et généreux,
qui n'oublie aucun bien
et ne tienne rancune d'aucun mal.
Faites-moi un cœur doux et humble,
aimant sans demander de retour ;
joyeux de s'effacer dans un autre cœur
devant votre Divin Fils ;
un cœur grand et indomptable,
qu'aucune ingratitude ne ferme,
qu'aucune indifférence ne lasse,
un cœur tourmenté de la Gloire de Jésus-Christ,
blessé de son Amour
et dont la plaie ne guérisse qu'au Ciel.
Ainsi soit-il.

Père Léonce de Grandmaison

MARIE,
NOUS AVONS RECOURS À V

Marie, nous avons recours à vous
dans tous nos besoins corporels et spirituels
avec beaucoup de simplicité, de confiance
et de tendresse.

Marie notre Mère :

Mon âme a recours à vous
dans les doutes,
pour être éclairée ;
dans mes égarements,
pour être redressée ;
dans les tentations,
pour être soutenue ;
dans les faiblesses
pour être fortifiée ;
dans les chutes,
pour être relevée ;
dans les découragements,
pour être encouragée ;
dans les scrupules,
pour en être délivrée ;
dans les croix,

les travaux et les difficultés de la vie,
pour être consolée.

Marie, vous êtes le recours ordinaire de mon âme.

Marie, je ne crains pas de vous importuner et de déplaire à Jésus en demandant votre prière, votre intercession.

Très Sainte Vierge Marie, je me consacre à vous. Par vous à Jésus. Par Jésus, au Père.

Très Sainte Vierge Marie, je suis tout à vous.

d'après saint Louis-Marie Grignion de Montfort

PRIÈRE DE CONSÉCRATION À MARIE

Comme le Père vous a choisie, ô Marie,
pour être son enfant immaculée,
l'épouse de Joseph
et la Mère de son Fils bien-aimé
et de toute l'Église,
dans une communion plénière à l'Esprit Saint,
nous vous choisissons aujourd'hui
comme Mère et Reine de toute notre famille
et nous vous consacrons
notre âme et notre corps,
toutes nos activités
et tout ce qui nous appartient, sans exception.

Exercez sur chacun de nous
votre miséricorde la plus maternelle.
Apprenez-nous à aimer toujours plus
Jésus et le Père et, par eux,
à nous aimer les uns les autres
dans l'Esprit Saint,
en nous découvrant toujours plus profondément
dans la lumière de Jésus,

en nous respectant mutuellement
et en nous choisissant chaque jour
dans un amour plus divin et plus simple.

Ô Marie, donnez à chacun de nous
d'accomplir chaque jour,
dans un don personnel,
la volonté du Père,
pour que toute notre famille
témoigne au milieu du monde
de l'amour de Jésus victorieux du mal.
Ainsi soit-il.

Père Marie-Dominique Philippe
Prière récitée chaque jour
dans la Congrégation Saint-Jean, après la Messe.

NOTRE-DAME DU BIEN-MOURIR

Notre-Dame du Bien-Mourir, Mère de Jésus et notre Mère, c'est avec la simplicité des petits enfants que nous venons à vous pour vous confier nos derniers instants et notre mort. Avec Jésus, vous avez assisté saint Joseph, votre époux, lors de son trépas ; au pied de la Croix, vous avez reçu le dernier soupir de Notre Sauveur, votre divin Fils ; désormais, nous en avons l'assurance, vous êtes auprès de chacun de vos enfants, avec la sollicitude de votre cœur maternel, pour lui faire franchir le seuil de la mort et l'introduire dans l'éternité.

Mais pour que nous puissions affronter dans la paix cette ultime épreuve, si rude à notre nature, soyez aussi pour nous Notre-Dame du Bien-Vivre. Aidez-nous, nous vous en supplions, à demeurer fidèles, jour après jour, aux engagements de notre baptême, aux enseignements de la foi, à la pratique de la charité. Pour y parvenir nous nous appuyons, avec la certitude de l'espérance qui ne déçoit pas, sur votre intercession toute-puissante.

Notre-Dame du Bien-Mourir, recevez déjà notre action de grâces que nous vous redirons éternellement, et daignez continuer à « prier pour nous, pauvres pécheurs, maintenant et à l'heure de notre mort. »

Ainsi soit-il.

Notre-Dame du Bien-Mourir est vénérée
en l'Abbaye Bénédictine de Fontgombault (36)

PRIÈRE POUR LA VIE

Ô Marie,
aurore du monde nouveau,
Mère des vivants,
nous te confions *la cause de la vie* :
regarde, ô Mère, le nombre immense
des enfants que l'on empêche de naître,
des pauvres pour qui la vie est rendue difficile,
des hommes et des femmes
victimes d'une violence inhumaine,
des vieillards et des malades tués
par l'indifférence
ou par une pitié fallacieuse.
Fais que ceux qui croient en ton Fils
sachent annoncer aux hommes de notre temps
avec fermeté et avec amour
l'Évangile de la vie.
Obtiens-leur la grâce de *l'accueillir*
comme un don toujours nouveau,
la joie de le *célébrer* avec reconnaissance
dans toute leur existence

et le courage d'en *témoigner*
avec une ténacité active, afin de construire,
avec tous les hommes de bonne volonté,
la civilisation de la vérité et de l'amour,
à la louange et à la gloire de Dieu
Créateur qui aime la vie.

Jean-Paul II
Prière conclusive de l'Encyclique *Evangelium Vitae*,
25 mars 1995

Autres prières

PRIÈRE DES ÉPOUX

Seigneur,
Tu nous as appelés à fonder ensemble un foyer,
donne-nous la grâce de l'animer de ton Amour ;
donne-nous de nous accepter
tels que nous sommes,
avec nos qualités et nos défauts,
de nous aider à nous transformer l'un par l'autre.

Donne-nous de demeurer en ton amour
tous les jours de notre vie.
Fais que notre foyer soit brûlant d'amour
pour les autres.
Qu'il soit réconfortant
pour tous ceux qui y vivront.
Que notre maison soit ouverte à tous,
riches ou pauvres,
qui viendront s'y asseoir et s'y réchauffer.

Apprends-nous dans ton projet,
à te faire confiance,
à t'offrir nos joies et nos peines,
à accueillir ceux que tu nous confieras
et à les conduire jusqu'à toi,
à te rendre grâce de notre vie ensemble.

Seigneur, Toi qui es l'Amour, bénis notre amour.
Ainsi soit-il.

PRIÈRE
SUR L'AMOUR DE DIEU

Je vous aime, ô mon Dieu, et mon seul désir est de vous aimer jusqu'au dernier soupir de ma vie. Je vous aime, ô Dieu infiniment aimable, et j'aime mieux mourir en vous aimant, que de vivre un seul instant sans vous aimer. Je vous aime, Seigneur, et la seule grâce que je vous demande, c'est de vous aimer éternellement.

Je vous aime, ô mon Dieu, et je ne désire le Ciel que pour avoir le bonheur de vous aimer parfaitement ; je vous aime, ô mon Dieu infiniment bon, et je n'appréhende l'enfer que parce que l'on n'y aura jamais la douce consolation de vous aimer.

Mon Dieu, si ma langue ne peut dire à tous moments que je vous aime, je veux que mon cœur vous le répète autant de fois que je respire. Mon Dieu, faites-moi la grâce de souffrir en vous aimant et de vous aimer en souffrant. Je vous aime, ô mon divin Sauveur, parce que vous avez été crucifié pour moi ; je vous aime, ô mon Dieu, parce que vous me tenez ici-bas crucifié pour vous.

Mon Dieu, faites-moi la grâce de mourir en vous aimant et en sentant que je vous aime. Mon Dieu, à proportion que je m'approche de ma fin, faites-moi la grâce d'augmenter mon amour et de le perfectionner.

Saint Jean-Marie Vianney, *Curé d'Ars*
(1786 -1859)

PRIÈRE SIMPLE

Seigneur,
faites de moi un instrument de votre Paix !
Là où il y a la haine, que je mette l'amour.
Là où il y a l'offense, que je mette le pardon.
Là où il y a la discorde, que je mette l'union.
Là où il y a l'erreur, que je mette la vérité.
Là où il y a le doute, que je mette la foi.
Là où il y a le désespoir,
que je mette l'espérance.
Là où il y a les ténèbres,
que je mette votre lumière.
Là où il y a la tristesse, que je mette la joie.

Ô Maître, que je ne cherche pas tant
à être consolé… qu'à consoler ;
à être compris… qu'à comprendre ;
à être aimé… qu'à aimer ;

Car,
c'est en donnant... qu'on reçoit ;
c'est en s'oubliant... qu'on trouve ;
c'est en pardonnant... qu'on est pardonné ;
c'est en mourant...
qu'on ressuscite à l'Éternelle Vie.

Saint François d'Assise

PRIÈRES
À SAINT MICHEL ARCHANGE
du Pape LÉON XIII

Saint Michel Archange, défendez-nous dans le combat ; soyez notre secours contre la malice et les embûches du démon. Que Dieu lui fasse sentir son empire, nous vous en supplions. Et vous, Prince de la Milice céleste, repoussez en enfer, par la force divine, Satan et les autres esprits mauvais qui rôdent dans le monde en vue de perdre les âmes.

Ainsi soit-il

Très glorieux Prince des Armées célestes, saint Michel Archange, défendez-nous dans le combat, contre les principautés et les puissances, contre les chefs de ce monde des ténèbres, contre les esprits de malice répandus dans les airs (Ep 6, 12). Venez en aide aux hommes que Dieu a faits à son image et à sa ressemblance, et rachetés à si haut prix de la tyrannie du démon (Sg 2, 23-24). C'est vous que la Sainte Église vénère comme son gardien et son protecteur, vous à qui le Seigneur a confié les âmes rachetées pour les introduire dans la céleste félicité. Conjurez le Dieu de paix qu'Il écrase Satan sous nos pieds, afin de lui enlever tout pouvoir de retenir encore les hommes captifs, et de nuire à l'Église. Présentez au Très-Haut nos prières, afin que, bien vite, descendent sur nous les miséricordes du Seigneur, saisissez vous-même l'antique serpent, qui n'est autre que le diable ou Satan, pour le précipiter enchaîné dans les abîmes, en sorte qu'il ne puisse plus jamais séduire les nations (Ap 20, 2-3).

Le dimanche du Bon Pasteur, 24 avril 1994, le Saint-Père Jean-Paul II a vivement recommandé *la pratique quotidienne de la prière à l'Archange Michel, instaurée par Léon XIII.*

ACTE DE FOI

Mon Dieu, je crois fermement toutes les vérités que vous avez révélées, et que vous nous enseignez par votre Église, parce que vous ne pouvez ni vous tromper ni nous tromper.

ACTE D'ESPÉRANCE

Mon Dieu, j'espère avec une ferme confiance que vous me donnerez, par les mérites de Jésus-Christ, votre grâce en ce monde, et si j'observe vos commandements, le bonheur éternel dans l'autre, parce que vous l'avez promis, et que vous êtes fidèle dans vos promesses.

ACTE DE CHARITÉ

Mon Dieu, je vous aime de tout mon cœur et par-dessus toutes choses, parce que vous êtes infiniment bon, infiniment aimable, et j'aime mon prochain comme moi-même, pour l'amour de vous.

PRIÈRE À SAINT DOMINIQUE SAVIO

Saint Dominique,
tu as réalisé à 15 ans le rêve qui m'attire :
être un homme et être un saint !
Sur les routes du monde
qui s'ouvrent devant moi,
sois mon fidèle compagnon.
Apprends-moi que la grande aventure à courir
est d'abord celle de mon âme
à rendre chaque jour plus claire ;
et que l'héroïsme le plus vrai
est de préférer au péché la mort.
Rends-moi attentif à la souffrance des autres,
à la détresse du monde qui attend mes bras.
Donne-moi ton élan pour travailler à construire,
dans le règne du Christ, une cité enfin fraternelle.
Et qu'aux sources vives de la prière et des
sacrements, mon amour pour Dieu notre Père,
pour Notre-Dame, Marie,
s'accroisse et embrase ma vie entière.
Ainsi soit-il.

Saint Dominique Savio : fête liturgique le 6 mai

PRIERE À SAINT JOSEPH

Glorieux saint Joseph, époux de Marie, accordez-nous votre protection paternelle, nous vous en supplions par le Cœur de Jésus-Christ.

Ô vous dont la puissance infinie s'étend à toutes nos nécessités et sait nous rendre possibles les choses les plus impossibles, ouvrez vos yeux de Père sur les intérêts de vos enfants. Dans l'embarras et la peine qui nous pressent, nous recourons à vous avec confiance. Daignez prendre sous votre charitable conduite cette affaire importante et difficile, cause de nos inquiétudes. Faites que son heureuse issue tourne à la Gloire de Dieu et au bien de ses dévoués serviteurs.

Saint François de Sales (1567-1622)

TABLE DES MATIÈRES

ACHEVÉ D'IMPRIMER EN AVRIL 2011
SUR LES PRESSES DES ÉDITIONS TÉQUI
53150 SAINT-CÉNERÉ

Dépôt légal : mai 2003